JN411467

시인 김은아

흔들리는 햇살

김은아 시집

시 와 사 람

국립중앙도서관 출판시도서목록(CIP)

흔들리는 햇살 : 김은아 시집 / 지은이: 김은아. -- 광주 :
시와사람, 2014
p. ; cm. -- (시와사람 서정시선 ; 036)

ISBN 978-89-5665-401-0 03810 : ₩10000

한국 현대시[韓國現代詩]

811.7-KDC5
895.715-DDC21 CIP2014016347

흔들리는 햇살

■ 시인의 말

마흔 살 너머 시작한 시는
그 동안 묵정밭에서
자랐지만, 꽃 피고 열매 맺을
날을 손꼽아 기다려 온
내 마음의 깊은 외침이다.
몸으로 부딪히며
깊이 포효하는 파도처럼
이제 함께 가야 할
내 인생의 동반자이다.

2014년 6월
김은아

차 례

흔들리는 햇살 2

3 봄날

푸른 연잎 아래 4

1

겨울섬

내 이름

고향집 낡은 벽에
삐뚤삐뚤 써 놓고 온
내 이름
아직 남아있다

세월은 흔적을 지웠지만
잿빛으로 눈물 짙어질 때
찢겨나간 글자들이 내 심장으로 달려왔다

바람에도 길이 있고 새에게도 길이 있으나
한 장의 이력서도 허기진 마음조차 채우지 못하고
길 없는 길을 정처 없이 떠돌았다
얼마나 더 방랑을 해야 하나
제대로 내 이름자 하나 쓰지 못하고
퇴색된 벽지 위에서
첫눈을 기다리 듯 울렁거림으로
여전히 통증을 앓고 있다.

1

겨울섬

내 이름

고향집 낡은 벽에
삐뚤삐뚤 써 놓고 온
내 이름
아직 남아있다

세월은 흔적을 지웠지만
잿빛으로 눈물 질어질 때
찢겨나간 글자들이 내 심장으로 달려왔다

바람에도 길이 있고 새에게도 길이 있으나
한 장의 이력서도 허기진 마음조차 채우지 못하고
길 없는 길을 정처 없이 떠돌았다
얼마나 더 방랑을 해야 하나
제대로 내 이름자 하나 쓰지 못하고
퇴색된 벽지 위에서
첫눈을 기다리 듯 울렁거림으로
여전히 통증을 앓고 있다.

아버지

선창가 길 모퉁이
돌아오는
쓸쓸함
세상은 여전히
풀잎처럼 흔들리고
당신이
남기고 간 목련꽃처럼
아직도
마른 바람이 분다
오늘도
돌메아리 되어
계절 속을 헤매도는
그리움은
노을 앞에 선 나에게
한사코, 기다리라고 한다.

꿈속의 유년

꿈을 꾸면
언제나 바다 건너 고향

갯벌에서 게를 잡고
바위틈에 숨어있는 고동을 줍고
휘영청 보름달이 뜨면 아이들이 하나 둘 모여
앞산에서 시간가는 줄 모르고 숨바꼭질하던
때가 있었다
달그림자는 아이들을 잘 숨겨주었지만
밤 부엉이와 산비둘기 울음 소리는
등줄기를 서늘하게 했다
개구리 슬프게 울고
못물에 비친 빈 산은 가슴을 허전하게 했다
바람은 게으른 나를 흔들어 깨우며
밤마다 고향의 구석구석을 헤매이게 했다
내가 두고 온 유년의 꿈 내음들이
진달래 꽃빛처럼 피어나는 마을

마음은 그리움 따라가고
마루에 앉아 바라보던 봄날의 꽃잎들을 생각하면
창문으로 세상의 소리들이 쏟아져 들어오는데
아직도 날개 펴지 못한 꿈들이 꿈틀 거린다.

시리다

그리움이야 늘 고향집 마당
측백나무의 숨결로 다가오지만
손끝에서 손끝으로 꾹꾹 눌러 쓴 글씨가
바스러질 것 같은 마른 낙엽의 몸으로 찍혔다
한 자 한 자 주소를 적으며
자식들 이름과 마음을 나누었을,
한 때는 내어 줄 것도 많았는데
이젠 텅 빈 자궁, 생의 붉은 자국들은
쭈글쭈글 푹 꺼져버린 어머니의 뱃가죽에서
노을이 붉게 타고 있다
두부 누르는 돌처럼 어깨를 짓눌렀을
어머니의 가을걷이가
땡볕의 뜨거움을 이고 서둘러 택배로 왔다
나뭇잎은 스스로 삭발을 하며 떨어지는데
맷돌을 짊어지고 가는 야윈 뒷모습
언제나 머물러 있는 청춘인 줄 알았는데
날마다 이별을 하며 살고 있다.

봄날

마루에 앉아 발톱 깎으시다
'알뜰한 당신'을 흥얼거리는 예순 아홉

내일 모레가 아버지 제사이지?

사월의 마지막 날
무거운 옷 걸치고
그르렁거리는 아버지 숨소리
간신히 목젖 밑으로 삼키며
대문 열고 들어서신다.

석화

섬 마을에 아침이 오면
파도 소리 더욱 커지고
허리에 파고드는 송곳 같은 바람

곱은 손 불며 질뻑한 뻘밭에서
잘 보이지 않는 눈으로 굴을 따다
봉지봉지 싸 주시던
돌아보면 밀물처럼 달려오는 어머니,

시장에서 석화를 볼 때마다
파도소리로 다가오시는
어머니.

겨울섬

시간이
긴 목 빼들고 달려와
말없이 내 혀에 감긴다
겨울 해는 짧게 떴다가 지고
그 등 뒤에
검은 그림자처럼 외로움이 길다
때론
성난 파도가 목을 조르겠지
때론
풍화된 물고기들의 가시가
심장을 찔러대겠지
살아서 나가리
추운 밤하늘 건너
고향 안마당까지 노 저어 가야겠다.

호요바람

쪼글쪼글한 작은 눈 속에
켜켜이 얽힌 숨죽였을 속울음 묻고
손등엔 얼굴 주름만큼이나 큰
옹이 박힌 굵은 손마디
된비알밭 호미끝에 알곡들 여문다

잠비 내려도
자식 주는 맛에 또 다시 심는
하얀 탱자꽃 울 엄마

"아나, 이것 가지고 가서 먹어라
차 조심해서 가고"
꽃은 제 철을 물들여도
호요바람은 그치지 않는다

세월 저만치
마늘밭 이랑에
장다리꽃은 한창인데.

*된비알 : 몹시 험한 비탈

*잠비 : 여름에 비가 내리면 할 일이 없으므로 잠을 많이 자게 된다.

*호요바람 : 한숨을 지으며 내뿜는 바람

눈과 돋보기 사이

아이의 체온이 배인 교복 가슴에
푸른 시간의 아픔을 뜨며 이름표를 단다

눈이 이렇게 어두워졌나
바늘을 찔렀다 뺐다를 반복하는 사이
처음 교복을 입고 터질 듯 부풀었던 입학식 날이
주름진 아코디언마냥 삶의 두께로 다가와
아득한 그리움의 몸짓으로 몰려온다

돋보기가 귀하던 그 시절에
호롱불 아래에서 졸음은 놀란 듯 뛰어내리고
바늘귀를 찾아 지긋이 눈을 공구던 어머니께
달빛으로 바늘구멍을 찾아드렸던 일이
바늘처럼 다가와 콕콕 가슴을 찌른다

몸의 쇠락만큼 세월의 단절을 뛰어넘어
어머니가 그랬듯이 내 삶의 능선 앞에
바늘과 실의 끈을 잇고자

침묵과 고요의 골을 덮으며
돋보기 끼고 한 땀 한 땀
흩어진 세월을 꿰맨다.

팔금도

들큰한 땀 냄새가 옹기종기 모여
여덟 마리의 새가 된 곳

마르지 않는 곳간처럼 퍼 주어도
기름진 갯벌이 있기에
행복이 가득한 곳

바다가 내어 준 노둣길 따라
웃을 수 있었고
울 수 있었던 그 길을 따라서
무심히 흘러가는 시간 속에
한 때의 기억만 남아
묵묵히
눈바람을 이겨낸 곳

한걸음 한걸음 더 해 오는 삶의 무게에
잠시 흔들릴지라도
앞서간 누군가가 있어 손 내밀어
긴 그림자의 흔적

한자락 바람으로 지워 버린 곳

질척해진 저 아름다운 섬에
기억하는 이 있어
갯벌에 새겨진 바람의 흔적이 저물어간다.

동백꽃 줍다

길에 떨어진 동백꽃을 주워
수반에 물을 담아 띄웠다

절구통 옆에 동백꽃이 피었다
떨어진 마음 주워 담듯
은근한 눈길 주던 동백꽃
붉고 시린 그 눈물

할머니는 절구통에 방아를 찧으며
맺힌 가슴을 노래로 풀었다
징병을 피해 바람 같은 삶을 산
할아버지의 빈 자리
이른 새벽 잠든 젖먹이를 두고
잡초를 뽑고 나면
벼 잎에 물든 옷은 이슬에 젖어
초라한 마음은 원망과 미움뿐이었다고 한다

잔칫날이면
동백기름 곱게 발라

쪽진 머리에 비녀를 꽂고 나들이 가시는
동구 밖 할머니의 모습이
떨어진 동백꽃잎 되어
수반 위에 둥둥 떠서
울음보다 더 서러운 웃음이 되었을까.

전주

전주 기숙사에 딸 아이를 두고
뒤돌아오는 허깨비 발걸음

겉으론 웃고 있지만
타들어가는 숯불 마냥
가슴은 검은 숯빛

붉게 핀 여린 동백꽃 사이로
누렇게 잎 말라가는 대숲에
겨울비만
추적추적 내리는데

TV에서 전주라는 말만 나와도
가슴이 덜컹 내려 앉는다.

폭설이 내리면 강원도를 바라본다

강원도에 폭설이 내리면
예전에 나는
'한계령을 위한 연가'라는 시를 떠올리며
눈부신 고립에 갇히고 싶고
누군가 나를 찾아 헬리콥터 띄우기를
바란 적도 있었다

강원도에 폭설이 내리면
매운바람에 붙잡혀
언 손 불어가며 가파른 산줄기 달려야 하는
군 복무중인 아들 생각에
뉴스에 귀를 세운다

가슴 속에 환한 등불 켠
부모의 마음으로
눈 내리는 강원도를 바라본다.

대관령 옛길에서

입대하여 첫 외박 나온
아들 손 꼭 잡고 가을이 물들어가는
대관령 옛길을 걷는다

팔월의 뜨거운 태양 아래서
굵은 땀방울 원 없이 흘렸을,
자대배치까지 그리움으로 잠 못 이룬 밤
천 길 낭떠러지 같았던 마음
그동안 꽉 찬 그리움으로
마음 조렸던 날들을 읽는다

다람쥐가 자식을 품에 안은 듯
까마중 같은 눈망울로 도토리를 안고
우리 모자를 쳐다보는데

소리 없이 풀어져 내리는 석양 속에서
가을을 밟고 서 있는 나는
지는 해마저 가슴에 품고
휴전선 쪽을 향해 간절하게

두 손 모아 본다

다람쥐도 도토리를 안은 채
글썽해진 두 눈으로 다시 숲으로 되돌아가고
대관령 옛길도 함께 따라 간다.

부둣가에서

빛바래고 너덜너덜해진 깃발
바람에 쫓기듯 펄럭이고
집어등도 잠시 휴식을 취한다

길게 늘어선 좌판 위에 졸음 쏟아질 때면
끊임없이 파리채 휘젓는 아주머니

해풍에 절인
얼굴 가득 검버섯 피니
말라버린 생의 무늬는 저만치,

구부러진 허리 위로
가을 햇살이
내려앉는다.

오래된 이발관

손님이 올까 싶은 후미진 이발관
늙은 이발사가 낡은 가위로 머리카락을 자르고
손님은 오래된 의자에 앉아 편한 자세,
머리카락을 깎는 사람이나 깎으로 오는 사람
모두 그리움으로 출렁인다
외상 장부도 없이 샀은
일 년에 한 번 농사지어 곡식으로 납부했다
어느 때든 자유롭게 이발하는,
푸르거나 늙은 단골도
쉬엄쉬엄 흘러가는 강물 같은 곳
많은 것들이 변하고 떠난 뒤에도
세월에 추억이 퇴적되는
낡은 이발관, 늙은 이발사
오래된 세월의 힘으로
봉숭아 꽃물같은 그리움을
자꾸만 가위질하고 있다.

소원

칠십 평생 호미만 잡은
손이 떨린다

글 배워서
자식 손자들에게 편지 쓰고
면사무소에 가서 이름 한 번 써 보고
은행에 가서 돈 찾아보는 것이
소원 이란다

마음속에 켜켜이 쌓인
어혈 쏟아내며
삐뚤삐뚤

어메들 까막눈 면해 보는 게 소원인데
지구를 점령한 스마트폰은
자꾸 빠름빠름 하고 광고를 쏟아낸다
죽음이 없는 삶이 없듯이
구부러진 호미에서 새 순들이 쑥쑥 자라난다

오늘은 세월이 한가하다.

포구

짭조름한 갯내음이
스멀스멀 밀려오는 포구에
갈매기들
갯펄 위를 서성이고
저잣거리에 두고 온
진흙투성이의
세상일
밧줄에 묶어놓는다

먹이를 쫓는
갈매기의 눈빛이
멀어지니
아직 살아있는 전설은
뒤척이는 파도 속에
사라진다.

어미

따가운 유월의 햇살이 빗겨가는 처마 밑
거대한 숨구멍 속으로 빨려가듯 새끼를 낳은
어미 개,
애지중지 핥고 또 핥으며 불은 젖 살뜰히 먹였다
젖꼭지 물고 서로 자리다툼 하는
새끼들 앞에 가죽으로 남은 어미
밥그릇조차 새끼들에게 빼앗기고
빈 밥그릇만 바라보더니
머루알 같은 까만 눈망울
집 떠나는 새끼들 바라보며
부디 욕심 부리지 말고 살라 한다
빈 마당에 이방인처럼 서성이며
노을 깔린 빈 집 바라보는
어머니 같은.

등대

주위가 어두워지자
달빛에 출렁이는 바다
밀려오는 너울의 함정이 예고 없이 찾아오고
자욱한 안개는 포구를 숨죽이게 하지만
파도처럼 출렁이는 꿈이 있었기에
어둠 속을 떠다니는 부표의 서성거림에도
오롯이 견디었다

온 생애를 바람의 몸짓에 몸을 맡기며
큰 태풍에도 흔들리지 않았다

아이들 웃음소리 듣고 싶은 날
물살 위에 띄운 그리움은 선착장에 나와
떠나가는 바람의 노래 바라보고 있다

사람들 하나 둘 떠나가고
출렁이는 물결 위로 내려앉는 바람의 그림자
오늘도, 서서히 마음을 밝히는 등대.

2

흔들리는 햇살

참깨를 볶으며

다글다글 깨 부딪는 소리
타지 않게 부지런히 젓는다
처음에는 살들 부비며 열기를 즐기더니
제 생살 뜨거워지자
탱글탱글한 볼, 살이 튀어 오른다

나도 가끔 얼굴 붉히며
뜨거움 참지 못해
설익은 비릿한 냄새로
생의 울타리
뛰어 넘고 싶을 때가 있었다

어릴 적 동생과 티격태격
서로 잘했다고 성질 급한 주먹이
그 새를 못 참고 앞질러 나가고
어른이 된 이후에도
그 버릇 버리지 못했지만

참깨는 온몸 까맣게 타들어가도
천성이 고소한 성미여서
주걱으로 잘 타이르면
남비 속에서 톡 톡 튀면서도
깊은 맛을 내지만
나는 성질머리를 버렸다.

소금밭

갯내음 물씬 풍기는
바둑판 같은 들판에
통증같은 햇살과 바람, 머리에 이고
염부의 구릿빛 얼굴 이글 거린다

오롯한 기다림과 노동의 시간이
바닥에서 부터
서서히
하얗게 살아온다

쓰리고 아픈 상처 위에
사람의 시간이
짜디짜지고 있다.

제비꽃 향기

생선뼈만 남은 개 밥 그릇에
개미가 아우성이다
시간이 지나자, 삶의 살을 뼈만 남긴 채
말라가는 빈 밥그릇에서
시간을 붙잡고 보시를 하는 중이다

한 때 거친 바다를 헤엄쳐
푸른 꿈을 키웠을 너
어쩌자고 사람들 입 속까지 들어와
피와 살이 되고 마침내 개 입에서
생을 마감하는 너에게서
제비꽃 향기가 난다

햇볕이 개 밥그릇을 헤집는데
뼈는 온 몸으로
마지막 숨을 고르고 있다

비워라, 그릇.

푸른 멍울

장흥 토요시장 한 모퉁이
바람막이 하나 없이
고구마순 껍질을 한겹 두겹 벗기는
할머니의 손톱을 본다

해진 몸뻬바지
빛바랜 초승달처럼 둥글게 앉아
느릿느릿 온 몸으로 기어가는 달팽이 모습으로
천천히 고개 들어 행인들 바라본다

이랑을 향하여 뻗어나간
얼크러진 고구마 순처럼
자식들 이리저리 떠나가고

잘 다듬어진 고구마 순은
손톱에 지워지지 않는
푸른 멍울로 남았다.

빈 그네

나는 여섯 살, 유치원에 다녀요
놀 친구가 없어 인형을 들고 놀이터에 왔지만
아무도 없어 빈 그네에 앉아
그냥 하늘만 바라봐요

엄마는 잠이 덜 깬 나를 업고
영어 유치원에 왔어요
떼를 쓰고 울어 보지만 소용 없어요
나는 뭐든지 다 빨아들이는 스펀지가 아닌데
엄마는 내가 뭐든지 다 잘 할 거라 믿나 봐요
나의 몸과 마음은 병이 들었어요
엄마는 그런 내 마음을 모르나 봐요
왜 이렇게 하루가 지루 할까요
하고 싶은 걸 하고 싶어요

그네가 흔들거려요
세상도 이렇게 흔들거리고 있나 봐요.

흔들리는 햇살

할머니의 볼은 숯불마냥 익고
햇볕에 땀방울이 엉덩이 밑까지 젖었다
생선가시처럼 앙상한 몸으로
장정들도 버거운 모래통 등에 업고
계단을 오르내릴 때마다
관절 삐걱거리는 저녁 무렵

막걸리 한 잔으로 잠시 목을 축일 수 있다지만
출가한 일곱 자식들은 아는지 모르는지
등짐이 할머니의 여생을 짓눌러도
다시 오르는 노년의 계단

깨꽃 같은 웃음 터지듯
여심을 흔들던 젊은 날도 있었겠지만
무지개 같은 세월은 가고
가슴 한 켠엔 가시에 긁힌 퍼런 멍 자국
하늘엔 어지럽게 얽힌 먹구름만 가득한데
젖은 목덜미 닦아주고 가는 것은 한 줄기 바람뿐.

이른 아침에

밥솥 코드를 꽂고 개와 함께 산책을 갔다
개가 킁킁, 향기의 비밀을 캐고 있다
찔레, 아카시아, 때죽나무 흰 꽃들이 어우러진 오솔길에
색깔의 소리 들리는 듯 술렁거리니 게으른 마음 줄행랑 친다

향기는 꽃바람 타고 폐부에 들어와 출렁이고
홀로 걷는 이른 고요 속에
덤불 속에서 요리조리 몸을 숨기며 푸드득 푸드득
발걸음 붙잡는 멧새와 잠시 눈을 마주친다
무얼 그리 열심히 찾고 있니?
물음표를 던지고 멧새가 덤불 속으로 사라진다

허공에 뜬 구름으로 집을 짓고 있는 나를
비웃기라도 하듯 멧새는 말 한다
네 옆에 다 있는데,
오월의 아침 숲을 돌아 되돌아오는 길
붉은 해의 얼굴이 해맑다.

버짐꽃

30년을 쇠와 살아 온 그녀
철판 같은 세상
옷을 기워 가듯 붙이고
암세포 같은 쇠 뚝뚝 잘라낸다

불화살은 폭염을 가로 지르며
세상으로 달려왔지만
세포 사이사이 파고들었을 노동의 땟물들
피를 토해내는 아픔은
세탁을 해도 지워지지 않는 페인트로
운동화 위에 덕지덕지 꽃을 피었다

햇빛이 어깨에 엉킨 어둠 쓸어내리면
꽃은 피어나고
얼굴 가득 봄 햇살 만발한다

운동화 끈 질끈 매는 그녀에겐
세상은 더 이상 두렵지 않은 상대

살며시 햇살에 손을 잡으면
운동화의 페인트 자국이
그녀의 손을 잡고 발걸음 재촉한다.

넋두리

단단한 알을 품었던 여자

더러운 오물을 씹듯 하나씩 꺼내던
희끗희끗한 세월이 내려앉은 그녀가
사거리에 서서 가끔
함부로 놓아버릴 수 없는 질척한 생
피를 토하듯, 시퍼렇게 날을 세운다

견고했던 알은 서서히 금이 가고
깨진 알은 검은 물을 적셨다

꽃이 아프게 떨어져 열매를 맺듯
한 때는 부드러운 자귀꽃으로 흔들거렸을 그녀의 몸에서
능소화 꽃잎 같은 자식들 퍼질러 놓았어도
잘라내지 못한 가시는
허기진 가슴에 푸른 칼날만 세웠다
온 몸이 시꺼멓게 타들어가면서도
아직 다 뱉지 못한 말

활짝 열어 제친 창문너머의 달빛을 보면서
삭을 대로 곰삭아버린 저 마음에서는
언제쯤 봄빛이 자라
찻물 우려내듯 오래 익은 응어리
내려놓을 수 있을까.

침묵

마지막 남은 금귤, '뚝' 떨어지는 소리 보았다
순간, 잎도 바르르 떨고
하늘에 새파랗게 멍이 걸렸다
뜨거운 땡볕 마다 않고 물주고
그놈 하나 쳐다보는 재미로 위안 삼았다
노랗게 익어가는 모습으로 행복했는데

작은 구멍의 어린 벌레에게도
먹고 살아야 할 삶의 묵언이 보였다
잎을 갉아야 하고
구멍을 내서 단물을 빨아야 하는 하얀 침묵
떨어뜨린 열매와 살아야 하는 애벌레 사이에서
나는 누구의 손을 들어 줄 수가 없다
긴 기다림은 끝났다, 가슴은 대바라기 되어
소리조차 낼 수 없는 메마른 눈물 뿐.

빈집

뿔뿔이 흩어진,
주인 떠난 흔적만이
무성하게 마당에서 자라난다

웅크린 채 졸고 있는 시간들 옆에
돌담 옆 감나무 꽃 필 날 기다리고
이파리에 걸린 바람 한 줌
살랑살랑 흔들린다

우직하게 자리 지키던 빈 바지랑대 위에
빨래처럼 거미줄만 햇볕에 말라가고
해질녘의 하늘은 시리도록 퍼렇다.

길을 간다

모퉁이 돌아 이어진다
아직 먼 길이기에
오래 이어진
푸른숲 사잇길로
허공에 비친 시를 만나기 위해
흔들리면서도 길을 간다

봄볕 한줌 쥐어본다
밤에도 꽃은 피듯
산과 강이 길을 만들듯이
한 줄기 빛을 만나기 위해
들꽃이 가르쳐준 길을 따라 간다.

두 여자

운천 저수지 나무 의자에 앉아
정다운 여자들을 본다
손짓을 하며 나누는 이야기 속에서
갈색의 짙은 향기 멈출줄 모르는데

낙엽을 툭툭 차고 가는
행인의 들뜬 발걸음 속에
묻어나는 연잎의 울렁거림

바람따라 이리저리 흩어졌다가
날려가는 늦은 가을 따라
저, 두 여자도

함께 길을 가는가.

등산로에서

등산로 길가
나무들 등어리가 축축하다
고사한 소나무 한 그루
껍질 벗겨진 채 조용히 숨죽이고
행인들 손 닿는 곳의 나무는
반질반질 윤기 흐른다

새 소리 산탄처럼 공중으로 흩어지고
밖으로 내민 뿌리들
밟고 또 밟혀도, 내색조차 않고
생채기 보듬어 꿀꺽꿀꺽 삼킨 서러움
얼마나 더 밟히고 밟혀야
무디어질 수 있을까?
홀랑 벗어

문득,
마삭줄이 나무에게 손 내밀고 있다.

눈 먼 사냥꾼

단풍나무 잎사귀에
화려하게 위장막 친다

찐득하게 쳐 놓은 그물
어둠 속에서도 바늘처럼 빛이 난다

나방 한 마리 덫에 걸렸다
벗어나려고 몸부림치면 칠수록
더 꽁꽁 싸 버린다

거세게 그물 흔들어
독으로 잠재우며
유혹의 손길 뿌리치지 못한 죄
액으로 빨아 먹힌다

탐욕 벗지 못해
지금도 허공에 매달려 있는
눈 먼 사냥꾼.

흔줄*에 서서

쏴아, 차르르르
잃어버린 시간의 갯돌
몽돌이 되는 줄 모르고
파도에 몸 맡긴 채, 긴 하품 한다

풋 망아지 시절 지나
틀박이에 묶여 짖고 또 짖었던 마음
세월 지는 줄 모르고
날개 접고 내려앉은
야윈 바닷새 한 마리
긴 밤 젖어 우는데

짧은 봄날
봄꽃처럼 하르르 져버릴 꽃잎일지라도
짧은 시간이라도 피어나는 날들이 있었기에
빛났던 순간은 기억 속에 내려앉아
나의 삶에 꽃물을 들이는 걸까

나를 사랑하자고
나를 사랑해야한다고
마음에 물든 보랏빛 멍울
아침 햇살에 기지개 펴듯
물기 털어 내련다.

*흔줄 : 사십 세에서 사십구 세에 해당하는 나이

시가 내게로 왔다

어느 봄날
새싹들 아우성칠 때, 자갈밭 주차장 모퉁이에
민들레 씨앗 날아와 노랗게 살짝 꽃 피웠지.
나는 쭈그리고 앉아 한참동안이나 이야기 나누었어
지나가는 산들바람에 가슴이 어찌나 콩닥콩닥 뛰던지,
그러나
열리지 않는 문
애간장만 태우더군
입 꾹 다문 채 말도 하지 않았지.
바라보아도 못 본 척 그렇게 시간이 흘러갔어
가슴에는 뭔가 꿈틀꿈틀하는데
공허로운 마음은 시냇물을 건너고
옹이진 사색으로 어둠의 산등성 넘으면서
황토밭 이랑 사이
삐죽삐죽 고개 내민 싹이 돋는가 싶더니,
초록 잎으로 덮이면서 어렴풋 알게 되었지.
언제부턴가
사람을 마주하는 일 보다,
풍경과 마주하는 일이 더 많아지면서
서서히 시가 내게로 왔지.

그 여자

밤마다 옷 보따리를 싸는 여자
밤마다 그 옷 보따리를 푸는 여자
어제가 오늘
한 달 전이 오늘
일 년 전이 오늘인 여자
'엄마 밥 줘'
남편보고 엄마라고 부르는 여자
오늘도 여러 벌의 옷을 겹쳐 입고
집을 떠날 준비를 하는 여자
그렇게 가보고 싶어 하던
옛집
정작, 그 대문 앞에서는 들어가지도 못하고
서성이며 낯설어 하는 여자
기억 저 편 어딘가에서
길을 잃고 헤매이다가
시간이 멈춰버린 생의 경계에서
지금도, 피고 싶은 꽃.

갑자기, 그 남자

외출복보다 작업복이 더 잘 어울리는 남자
파이프의 용접 불꽃과 더 가까운 남자
살갗이 벌겋게 익어
여름을 끈적끈적하게 절인 채
늘 예기치 않은 생의 불똥에 맞는 생,
온 몸이 숭숭 구멍 뚫린 그 남자
낡아버린 옷들만큼이나 절여진 세월
비지땀이 빗물로 녹아
이마에 가득 내려앉아도
늘 웃어주던 남자
평생 성미 부릴 것 같지 않은 그 남자
그러나
어느 날 이마에 뿔이 난 남자
하루 종일 일에 갇혀 일탈을 꿈꿨을
그 남자
한 달만 자신을 위해 살고 싶은
며칠 째 불통인 남자
오늘 그 남자의 머리카락이
더 하얗다.

3

봄날

봄날

봄눈 뚫고 들어온 바람
아직은 쌀쌀하지만
한낮엔 아지랑이 피어올리는데

내일 모레면
물 올라 탱탱해진 가지 위에
꽃망울 터뜨리 듯

어미품 벗어나
둥지 떠난 어린 새 한 마리

혼자 남아 있는 책상 위 책들
빈 침대만 깊이 잠들었는데
자판 두드리는 소리도 들리지 않는
적막한 날.

오월

하늘 위쪽엔 치렁치렁한 아카시아
땅 아래쪽엔 찔레꽃이 소복소복
신록 잎새 사이로
꽃잎 붙들고 지나가는 바람
창문밖으로 슬며시 스며오는
달작지근한 향기

"워저끄나
찰방찰방한 무논에
모내기 해야 허는디"

오월의 신부

바리게이트 너머로
날이 저물 때
난간 앞에 지금도 돌고 있는
자전거 바퀴 소리

빵 한 조각 입에 물고 죽어도 같이 죽고
살아도 같이 살자며 봄을 외쳤던 날

어둠속으로 들어가는 별무리는
푸르렀던 아카시아 잎 핏빛으로 물들어
한 잎
두 잎
떨어지던 날

커텐으로 만든 하얀 면사포 쓴 신부는
울고 있었다.

가을바람

물기 빠진 햇살이 바삭이고
황금빛 들녘에
홀로 서성이는 사색의 알곡

갈대 줄기 끄트머리에
하얀 씨앗 맺힐 무렵
생의 부스러기처럼
발목에 노을 적시며
토해내는 불타는 욕심

하얀 서리 얹어
허름한 욕망 잠들지 못하고
천형처럼 뒤척일 때

가을바람이 남기고 간
작은 웅덩이 위에
노을이 살아뜬다.

가을, 삶을 빗다

공단의 점심시간
목이 묶여 있는 개
어디론가 가고 싶은지
주위를 뱅뱅 돌며 울부짖는다
바짝 말라가는 들풀 마냥 핏기가 없는데
영혼을 깨우는 풀빛 같은 음성 사라지고
페달을 밟아야만 앞으로 나갈 수 있는 자전거처럼
질경이 같은 삶을 살아가는 가장들의 어깨에
가을이 내려앉고 있다

구름 그림자 짙어지면 비가 내리 듯
물기 빠진 낙엽들이 뒹굴기 시작하는 가을
내 마음은 야위어만 가고
자꾸만 어디론가 떠나고 싶은
기운 없는 날
나는 다시 어깨를 편다.

늦가을

달빛 없는 하늘
가로등 불빛 도로에 앉았는데
방아개비 한 마리 꼼짝 않는다
무심하게 바라보았을 풀숲 말라가고
끄덕끄덕 디딜방아를 찧던
푸르른 날은 간 데 없어
멍한 눈빛, 힘이 빠진 뒷다리
갈수록 조여 오는 도시의 공포들
저 연약한 다리로 어떻게 지탱했을까
인간의 발에 밟히지 않고 살아 있다는 게 다행이야
차가 왔다면 죽었을지도 몰라
용케 살아남아 마른 숲을 향해 가는
방아개비 한 마리.

설국을 보다

겨울이 강철처럼 단단하게 들어섰다

찬바람이 잠시 자리를 비운 사이
설국의 문이 활짝 열려
순백의 상고대 피워냈다

눈부신 한 때, 눈꽃 터널
얼른 카메라에 담는다

바람의 발자국 찍힌 계곡
능선을 지나는 구름들
사람이 떠난 자리에
하루가 적막하게 저물어 간다.

묵정밭에서

묵정밭에 피어나지 못한 말들이 구석에
쌓여가고 게으름 피울 때마다
뒤란의 잠든 풀씨 흔들어 깨운다
마음의 풍경, 소리로 들으며
눈보라 몰아치는 세월 뚜벅뚜벅 걸었다
때론, 주저앉아 푸서릿길 헤매 일 때
뼈성 깊은 목마른 골짜기 더듬으며 잠들기를
빈 들판을 달려오던 구석진 마음에
씨를 뿌린다
내 오래된
묵정밭에도 새파란 새싹 돋아날까.

잃어버린 햇살을 찾아

화순 어느 계곡에서 주워 온
손바닥만 한 돌 속에
두 손을 모으고 기도하는 여인

느린 물살의 침묵을 깨고
추위는 잊었겠지만
눈부시게 빛나던 햇살의 향긋한 맛을
빼앗겼을지도 몰라

돌에게도 돌아가야 할 제 집이 그리울 법 한데
말 못하고 다소곳이 서 있는 모습이
잃어버린 햇살을 찾아
속으로
눈물을 닦고 있지는 않을까.

장날, 추억을 사다

소란으로 어둠 깨우고
사람과 사람이 만나는 다리
하루가 왁자지껄 시작 된다

말라가는 생선에 물 적시는 아주머니
작은 바구니에 나물 들고 나온 할머니
흥정속에 에누리 있고 덤이 있는 곳
국밥 한 그릇에 풋마늘 된장 찍어
막걸리 한 사발에 핀 아린 사연들

숨 가쁘게 바쁜 사람도 한가한 사람도
모두가 한데 뒤엉켜
친구의 마음으로 어미의 마음으로
웃는 얼굴 덤으로 주고

골목길에 만난 낡은 건물 안에
숭숭 뚫린 엿가락 같은 추억 만나
돌아갈 길 잊는다.

하얀 슬픔

바다는 창살되어
저토록 눈 시린 창호지에
하얀 슬픔 피워낸다

거역할 수 없는 숙명
절벽 난간에 걸쳐 놓고
찬란한 햇발
물때에 부대끼는 서러운 몸짓으로
먼 데서 밀려온다

긴 머리카락 해풍에 휘날리며
파도따라 물거품은 해안까지 따라와
어머니의 하얀 속치마인 양
고두섬에서 출렁 거린다

갈매기 흰 울음이 저녁놀에 잠겨들면
혼자 두고 오는 칠산 바다에
꽃그늘 깊이 상처 감춘 해당화만
석양녘 노을 속에 잠긴다.

낚시

나무 사이로 파고든
햇살 하나 따서
수면 위로 던지니
팔딱팔딱 뛰어 오른 것은
긴 상념 뿐

날아가던 잠자리도
생각의 끝에 앉아
낚싯대 위에
잠시 쉬어간다

팽팽한 줄 한 번 당겨보지 못한 채
해거름 녘 산 그림자
저수지에 돌려주고
내려오는 길

인동초꽃
한 잎 머물다 온 자리.

길

버들그늘 정자 난간에 기대니
풍덩풍덩 바람이 부는데
거미 한 마리 무릎 위에 살며시 앉는다
아무런 무게도 느낄 수 없는
가녀린 몸
그래도 살아보겠다고 안간힘을 쓰는데

텅 빈 들판에 혼자 서 있는 허수아비마냥
허허로움에 몸살 앓으며
노을의 넋을 들여다본다

아직 가야할 길 멀기에
체한 듯, 타는 갈증으로
초록색지 위에
자줏빛 꽃무리 그려본다.

긴 터널

우리 동네 말미산에 면사포를 쓴
소나무들 눈옷을 입었다
손 닿으면 무너질 것 같은데
눈몽우리가 꽃잠을 자고 있다
공항 가는 가로수 날 가지 위에
까치집 보인다
매일 시끄럽던 비행기 소리 들리지 않고
모두가 고요 속에 잠드는데
먹이 찾아 나온 새가 푸드득,
한두 번 눈에 띄었을 뿐
아무도 없는 산 속에서
터질 것 같은 심장 잠재운다.

4

푸른 연잎 아래

푸른 연잎 아래

드넓은 방죽에 바람이 풍성하다
연꽃들
얼굴의 티끌 아침 이슬로 세수하고
푸른 잎 사이로 둥실 떠오르니
잔잔했던 고요가 일제히 술렁인다

개구리 밥으로 뜨거운 햇살 가린 연방죽
물위를 뛰어다니며 크로키하는 소금쟁이,
개구리 울음 속으로 먹이 찾아 나서는 고추잠자리
어렴풋이 보이던 물닭의 뒤태가 재빨리 풀숲으로 사라지면
고요하나 분주한 연방죽.

달맞이꽃

밤이면 신열 앓으며 썼을
못다 쓴 시는
너의 외로운 울음이었을 것을

빈 바람 등지고 훨훨
하얀 꽃 속에 보내고 돌아오는 남루한 마음
받지 않는 휴대폰 허공에서 빈 메아리로 돌아오고
지우지 못한 문자 메시지 보관 중인데
언제나 밝고 또랑또랑했던 목소리
카페에 남겨진 흔적들은 추억의 가장자리에 있다

이제는 사진으로만 봐야하는
저 산자락에 홀로 피어
밤마다 노란 얼굴을 달빛에 적시며 찾아온 너
구름 속으로 숨어버린 부끄러운 그믐달
동구 밖 모퉁이에서 그리워하고 있을
흩어진 가족들에게 미안해하고 있을 너

그래, 우리 달맞이꽃 피는 밤이라도
이렇게 다시 볼 수 있다면.

늙은 소나무

장작불을 지피다가 아궁이 속에서
늙은 소나무의 세월을 보았습니다

이따금 찾아든 나그네 발길
청청한 품 열어 맞아주며
매서운 비바람 눈보라가 흔들어도
텃새처럼 제자리 지키며
늠름하되 오만하지 않았습니다

숨 가쁘게 살아 온 세월
불꽃을 내면서 소신공양을 하며
날아가버린 새들의 울음소리 듣습니다
마지막 바람의 조문을 받으며
오래된 추억들을 봅니다

이제
그를 품에 안아보려 하지만
멀어지는 그리움은 재로 남아

괜찮다, 괜찮다 합니다

편히 쉬려나 봅니다.

매화나무

해마다 그 자리에서
바람에 흔들리지 않는 매화나무 한 그루
칠순을 훌쩍 넘긴 채
마당가 측백나무 울타리 한 가운데서
하얀 불을 밝힌다

가지 위에 참새들이
몰려왔다 날아가기를 반복하는 사이
변덕스런 꽃샘추위 잊은 듯
외롭고 쓸쓸한 마당에
다시 환하게 꽃망울 터지면
가슴 속까지 스미는 은은한 향기
고산마을 구석구석으로 퍼진다

소용돌이치는 바람물결에도 휩쓸리지 않고
어린 것들 입에 밥 넣어 주려고
오랜 세월
자신의 내면 갈고 닦아 꼿꼿한 자태로
아픈 흔적들 침묵으로 말한다

이제
백발이 다 되어버린 봄날의 매화나무가
날아 가버린 참새들의 안부를 물어온다

잘 있느냐?

눈

새해가 내일인데 날아든 부고
흰 눈은 소문 없이 세상을 무겁게
무겁게 잠재운다

찾아 뵙지 못한 미안함과 송구함에 울컥,
썰렁한 장례식장 한 쪽에선
고픈 배를 꾸역꾸역 채우는 사람들

다시 향을 꽂으며 다음 생은
아침 햇살 같은 눈부신 생이어야 한다고
망자의 이름을 되뇌었다

바람 같은 외로움 속에서 흔들거렸을
옹이 박힌 허리
뒤틀린 한 세상 소나기처럼 다 쏟아버리고
뼛속까지 파고드는 차가운 대리석에 누운
하늘길

치사스럽고 더러운 세상을 피해
때로는 발이 부릅트고 무릎이 깨지고
진창길에 넘어지기도 한
그의 발자국 위에
천천히 그리고 소복하게
내리는
눈
눈
눈.

양파

눈물 흘리게 하는 것도 먹어봐야
맵고 독한 그 맛을 알 것이다
나는 사람들에게 눈물 흘리게 할까
심장은 벌떡벌떡 뛰는데
나의 눈물이 식탁의 꽃으로 피어난다는 것을 알지만,
몇 번을 더 울어야
하얀 속살 다 보여 줄 수 있을까
울다가 다시 마르기를 반복하며
얼룩진 마음, 체로 걸려낼 수 없어
벗기고 벗기어 무뎌진 몸뚱이
행여 푸석해진 몸 뒤척이며
누군가의 아픔 대신 울어줄
투명한 눈물이 될까.

원추리꽃

해안 절벽 위
힘주어 그은
수채화 한 획
말갛게 웃고 있다

수줍은 여린 꽃살
깨금발 높게 들어
노랑빛 정열
뚝뚝
떨어뜨린다.

메꽃

기찻길 옆
바람 지나간 자리에
자그마한 몸뚱이로
시리도록
불어대는 나팔소리

하늘이 못 들은 체 해도
속으로
흔들리는 마음

긴 기다림
몸부림치다
그대 향한
그리움.

백련

넓은 잎 방석 위로
청초하게
피워올린 하얀 등불

바람불면
이파리 들썩거려
꽃대 흔드는

파르라니 깎은
여승들의 군무.

고로쇠나무

나무 구멍에 꽂은 고무호수
하얀 비닐 봉지에 쏟아지는 피

숙취 해소에 좋다고
피로 회복에 좋다고
피부가 좋아진다고
찜질방에서 하루종일 오징어 안주 삼아
말통으로 마셔대는
피눈물.

담쟁이 넝쿨

안간힘으로 앞 다투어
어머니의 따뜻한 목소리처럼
가만가만 손 내밀며 다가온 흐느낌

가슴 떨리도록 뒤엉킨 외침
오르고 또 오르는 일만이 오직 제 삶인듯
그리움 맨살로 다가와
마음속 심지 새길지라도
자유로운 영혼
말없이 오른다.

생명을 꿈꾸며

혼자 지은 침묵의 방
꼭꼭 숨겨놓고 앓는 무병 속에
감정을 건드리는 바람이
잊고 있던 시간의 강물 일깨워 준다

버리고 싶은 욕망, 허공에서 허우적 거릴 때
몸은 풀솜같이 처져 나락으로 떨어지고
지루한 장마 돌아보니
가슴에 섬이 하나 솟는다

단절된 절망 살아 움직여
호미로 땅을 파듯
기억의 비밀들 던져 버리자

바람에 동백꽃 떨어지는
봄날
씨앗 한 봉지 뿌리고 싶다.

새싹

발길 돌려 가던 바람 다시 돌아와
나뭇가지 붙잡아도
부지런히 지나는 세월에
봄빛은 흩날린다

쇠가죽보다 두꺼운 나무껍질 뚫고
제 몸보다 무거운 흙덩이 들고
앙상한 나뭇가지 푸르게 가리며
누런 땅에 초록옷 입힌다

생명의 숨결
세상 밖으로 전하는
너는 생명의 종소리

엄마의 뱃속에서 나온
아기의 첫 하품.

해국

늦가을
다시 찾은
바닷가 절벽 바위 틈에
온 몸 털북숭이로
웅크린 채
들국화 친척들과
옹기종기
도란도란

누군가를 기다리다
노을 적시며 토해내는
연보랏빛 그리움

머물렀던 자리에
스산한 바람만 비껴간다.

연꽃 피네

동짓달 해 넘어갈 무렵
오래된 법당 구석에서
연꽃 하나 피어나네
삼가 부처님 바로 뵙기도 어려운지라
문턱에 겨우 기대 앉아
늙은 어미, 옹알이하며 피어나네.

목련 꽃잎

화물차 짐칸에
덩그러이 몸을 눕힌 목련 꽃잎 하나

어둠이 거리를 떠돌 때 쯤
벙긋거리던 흰 얼굴의 소녀
몸속에서 뜨겁게 밀어 올리는
불기를 이기지 못해
노을 속으로 뛰어 든다

오늘은
더 하얗게 단장해 본다

너무 오래 맨발로 걸어왔다.
창문에 기댄 발그레한 두 뺨이
하르르 떨린다

흐릿한 창밖 그늘에 기대보니
온갖 소리들로 들끓던 창가에
매운 고추냄새가 스며든다

푸르게 한 번 피워내지 못한 몸
하얀 얼굴마저
검버섯 일찍 필세라
톡,
바위덩어리 위에 몸 내던진다.

소나무

솔씨 하나 움 틔어
검푸른 솔숲가지 드리우니

흙이 되었을 누군가의 무덤 위에
그늘 드리운 것도 죄가 되는지
허리 분질러진 생가지

긴 몸부림으로 새 살이 돋고
가지 끝에 푸른 목숨 피어난다

이전에도 그랬듯이
우리가 무덤이 될 때까지
오래 무덤을 지켜갈 것이다.

가족 · 자연을 통해 본 실존의 미학

-김은아 시집 『흔들리는 햇살』을 중심으로

강 경 호
(시인, 문학평론가)

1.

『흔들리는 햇살』은 김은아 시인의 첫 번째 시집이다.

김은아 시인의 시세계는 가족과 고향과 관련된 이야기를 통해 그리워하고 연민의 정을 토로하는 시편, 성찰과 소외된 사람들의 삶을 살피는 시편, 자연을 통해 삶을 발견하는 시편, 그리고 계절의 정취를 시적 정서로 형상화시킨 시세계를 보여준다.

그의 시는 대체로 길지 않은 편이다. 또한 그의 언어는 화려하지 않은 비교적 담담하고 정직하다. 또한 우리가 잊고 사는 삶의 의미를 환기키고 있다.

가족과 고향에 대한 시인의 기억은 그리움과 안타까움, 그리고 연민이 배어있다. 생전의 아버지를 회상하며 곱씹는 추억에서는 가난과 회한의 정서가 묻어난다. 또한 고향에 남아있는 어머니를 바라보는 시인의 마음은 늘 안타깝고 아프다. 이러한 시인의 고향은 아마 남쪽의 팔금도라는 섬인 듯하다. 어린 시절 섬에서 보낸 추억조차 시인에게는 아픈 기억으로 살아온다.

부모님과 고향에 대한 시편들은 시인의 어린 시절, 즉 시간적으로 볼 때 과거의 기억을 바라보는 구조로 시가 이루어져 있다. 그러나 군대에 간 아들에 대한 마음은 최근에 시인의 이야기이다. 군대에 아들을 보내놓고 노심초사하는 것과 면회를 가 애틋하게 아들을 바라보는 모정을 보여준다.

김은아 시인의 시집 『흔들리는 햇살』에서 시인의 가장 큰 관심사는 부모님과 고향에 대한 정서를 꼽을 수 있다. 이는 자신을 낳아주고 많은 기억을 간직하고 있기 때문이다.

마루에 앉아 발톱 깎으시다
'알뜰한 당신'을 흥얼거리는 예순 아홉

내일 모레가 아버지 제사이지?

사월의 마지막 날
무거운 옷 걸치고
그르렁거리는 아버지 숨소리
간신히 목젖 밑으로 삼키며
대문 열고 들어서신다.

-「봄날」 전문

화자의 기억 속에 예순아홉 살의 아버지는 '알뜰한 당신'을 자주 흥얼거렸던 것 같다. 화자는 "마루에 앉아 발톱 깎"았는데, 왜 오랜 세월이 흐른 뒤에도 화자가 그것들을 기억하고 있는 것은 아버지가 지금은 안 계신 까닭이며, 발톱을 깎으며 노래를 부르던 아버지의 모습을 특별한 감정으로 바라보았기 때문일 것이다.

그런데 오늘 아버지는 안 계신다. "내일 모레가 아버지 제사이"이다. 다시 말해 아버지는 '봄날' 돌아가셨다. "사월의 마지막 날" 호흡기질환으로 "그르렁거리는 아버지 숨소리/간신히 목젖 밑으로 삼키"는 불편한 몸이셨던 것 같다. 화자는 아버지 제사 무렵, 즉 돌아가실 무렵의 아버지를 떠올리고 있다. 그래서 "그렁거리는 숨소리"로 "대문 열고 들어서"시는 것을 생각하고 있는 것이다.

아주 짧은 작품이지만 생전의 아버지의 모습이 아주 사실적으로 잘 그려져 있다.

이번 시집에서 어머니를 생각하는 시편들이 가장 많이 눈에 띈다. 그것은 시인의 마음이 많이 머무는 곳이 어머니이기 때문이다.

쪼글쪼글한 작은 눈 속에
켜켜이 얽힌 숨죽였을 속울음 묻고

손등엔 얼굴 주름만큼이나 큰
옹이 박힌 굵은 손마디
된비알밭 호미끝에 알곡들 여문다

잠비 내려도
자식 주는 맛에 또 다시 심는
하얀 탱자꽃 울 엄마

"아나, 이것 가지고 가서 먹어라
차 조심해서 가고"
꽃은 제 철을 물들여도
호요바람은 그치지 않는다

세월 저만치
마늘밭 이랑에
장다리꽃은 한창인데.

-「호요바람」 전문

이 작품은 부모와 자식간의 애틋한 정서가 깃들어 있다. 특히 이 작품에서는 어머니의 사랑과 희생에 대해 어머니를 생각하는 자식의 마음이 아프면서도 따스하다.

자식의 눈에 비친 어머니는 "쪼글쪼글한 작은 눈 속에/켜켜이 얽힌 숨죽였을 속울음 묻고/손등엔 얼굴 주름만큼이나 큰/옹이 박힌 굵은 손마디"의 모습이다. 자식들을 위해 궂은 일 마다않고 얼굴엔 주름, 손마디엔 옹이가 박히도록 고생을 한다. 성장하여 대처로 나가 살고 있는 자식들에게 농사지어 여문 알곡들을 "주는 맛에 또 다시 심는/하얀 탱자꽃 울 엄마"는 "아나, 이것 가지고 가서 먹어라/차 조심해서 가고" 하면서 자식들의 귀가까지 걱정한다.

이 작품의 제목을 「호요바람」이라고 한 것에는 어머니의 사랑과 희생성이 투사되었기 때문이다. 여름날 비가 내리면 할 일이 없어진 농부들은 흔히 잠을 자곤 한다. 그러나 이 작품 속의 어머니는 비를 맞으면서도 자식들 생각으로 곡식을 심는다.

대개 시인의 시에는 시인이 삶이 배어있기 마련이다. 앞에서 살펴본 아버지와 어머니에 대한 이야기는 물론 어느덧 성장하여 군대에 간 아들의 이야기도 시 속에 들어와 있다.

강원도에 폭설이 내리면
예전에 나는
'한계령을 위한 연가'라는 시를 떠올리며
눈부신 고립에 갇히고 싶고
누군가 나를 찾아 헬리콥터 띄우기를
바란 적도 있었다

강원도에 폭설이 내리면
매운바람에 붙잡혀
언 손 불어가며 가파른 산줄기 달려야 하는
군 복무중인 아들 생각에

뉴스에 귀를 세운다

가슴 속에 환한 등불 켠
부모의 마음으로
눈 내리는 강원도를 바라본다.
-「폭설이 내리면 강원도를 바라본다」 전문

화자는 "예전에" "강원도에 폭설이 내리면" "'한계령을 위한 연가'라는 시를 떠올"렸다. '폭설'을 현실적으로 바라보지 않고 그저 낭만적으로만 생각했기 때문이다. '폭설'을 통해 "눈부신 고립에 갇히고 싶고/누군가 나를 찾아"주기를 바라는 마음이었다. 그러나 아들을 군대에 보낸 어머니의 처지가 되어서는 "강원도에 폭설이 내리면/매운바람에 붙잡혀/언 손 불어가며 가파른 산줄기 달려야 하는" 아들을 걱정하며 "뉴스에 귀를 세운다" 이렇듯 '폭설'에 대한 생각이 감성적인 것에서 지극히 현실적인 것으로 변한다. 이는 자식을 사랑하는 부모의 마음 때문이다. 그래서 시인의 말대로 "가슴 속에 환한 등불 켠/부모의 마음으로/눈 내리는 강원도를 바라"보는 것이다.

김은아 시인의 이번 시편에서 또 하나 살펴보아야 할 것은 고향을 바라보는 시인의 심상이다. 앞에서 살펴본 가족 시편과 더불어 그의 가장 관심있는 시적 대상이기 때문이다. 흔히 많은 시인에게서 '고향'은 헐벗어 가난한 공간이다. 그러나 김은아 시인에게 고향은 자신의 존재를 확인하고자 하는 공간이며, 그리움의 공간으로 나타난다.

고향집 낡은 벽에
삐뚤삐뚤 써 놓고 온
내 이름
아직 남아있다

세월은 흔적을 지웠지만
잿빛으로 눈물 짙어질 때
찢겨나간 글자들이 내 심장으로 달려왔다

바람에도 길이 있고 새에게도 길이 있으나
한 장의 이력서도 허기진 마음조차 채우지 못하고
길 없는 길을 정처 없이 떠돌았다
얼마나 더 방랑을 해야 하나
제대로 내 이름자 하나 쓰지 못하고
퇴색된 벽지 위에서
첫눈을 기다리 듯 울렁거림으로
여전히 통증을 앓고 있다.

-「내 이름」 전문

"고향집 낡은 벽에/삐뚤삐뚤 써 놓고 온/내 이름/아직 남아있다" 유년에 고향에서 부모님과 함께 살 때 장난 삼아 벽에 자신의 이름을 써 놓았을 것이다. 그리고 화자의 고백처럼 이름 석 자를 써 놓고 떠나왔다. 다시 고향집을 찾았을 때는 많은 시간이 지난 뒤였다. 화자는 이 시간의 간극 속에서 무엇인가를 이루지 못한 것에 대해 아쉬워한다. 다시말해 유년에 고향집 벽에 새겨넣은 이름은 그저 낙서가 아니라 이름이 상징하는 것처럼 존재를 드러내는 일이다. 세월이 이름의 흔적을 지운 것처럼 그동안 정처없이 떠돌았거나 방랑한 까닭에 화자는 지워진 이름처럼 존재감을 상실했기 때문에 후회하고 있다. 그렇기 때문에 화자는 고향에서 꾼 꿈을 이루지 못함을 고향집에 돌아와 인식한 후 "찢겨나간 글자들이 내 심장으로 달려왔다"는 자책감을 갖는 것이다.

"바람에도 길이 있고 새에게도 길이 있으나/한 장의 이력서도 허기진 마음조차 채우지 못하고/길 없는 길을 정처없이 떠돌았"기 때문에 화자는 "제대로 내 이름자 하나 쓰지 못"한 까닭에 "첫눈을 기다리 듯 울렁거림으로/여전히 통증을 앓고 있"다.

「꿈 속의 유년」에서도 고향은 "아직도 날개 펴지 못한 꿈들이 꿈틀거"리는 곳이다. 화자는 꿈 속에서 보이는 "언제나 바다 건너 고향"을 만나고 그 고향에서 천진난만하게 보냈던 시절을 떠올린다. 그렇지만 고향을 떠난 이후 그가 꿈꾸는 것을 잊었거나 잃어버리고 살다가 고향을 생각하므로써 자신의 꿈을 다시 생각하곤 한다. 그러므로 김은아 시인에게 고향은 가난하고 헐벗은 기억을 간직한 공간이기보다는 누구에게나 그렇듯 그리움의 대상이다. 그리고 자신의 꿈을 일깨우고 존재를 다시금 확인하게 하는 공간인 셈이다.

2.

시인으로서의 김은아 시인의 정신지리가 보다 촘촘한 그물로 엮어진 시편들은 주로 제2부에 모아져 있다. 김은아 시인에게 시는 그가 체험한 삶의 이야기에서 비롯된다. 그러므로 그의 작품들은 그의 삶을 보여준다. 시를 통해 그가 보고 체험한 것들을 그의 정신과 만남으로써 그의 실존을 짐작하게 한다. 다시말해 제2부의 작품들은 김은아 시인의 정신세계를 가장 잘 보여준다. 통찰하고 성찰하며, 때로는 후회와 고뇌를 하는 시인의 모습에서 어떻게 살아가려고 하는지, 무엇을 꿈꾸는지를 짐작할 수 있는 것이다.

다글다글 깨 부딪는 소리
타지 않게 부지런히 젓는다
처음에는 살들 부비며 열기를 즐기더니
제 생살 뜨거워지자
탱글탱글한 볼, 살이 튀어 오른다

나도 가끔 얼굴 붉히며
뜨거움 참지 못해
설익은 비릿한 냄새로
생의 울타리

뛰어 넘고 싶을 때가 있었다

어릴 적 동생과 티격태격
서로 잘했다고 성질 급한 주먹이
그 새를 못 참고 앞질러 나가고
어른이 된 이후에도
이러한 버릇 버리지 못했지만

참깨는 온몸 까맣게 타들어가도
천성이 고소한 성미여서
주걱으로 잘 타이르면
남비 속에서 톡 톡 튀면서도
깊은 맛을 내지만
나는 성질머리를 버렸다.

-「참깨를 볶으며」 전문

화자는 깨를 볶고 있다. 우리가 다 아는 것처럼 깨를 볶을 때는 "타지 않게 부지런히 젓는다" "제 생살 뜨거워지자/탱글탱글한 볼, 살이 튀어 오른다" 당연한 결과이다. 깨가 튀어오르는 모습을 화자는 뜨겁기 때문이라고 인식한다. 이러한 현상을 통해 화자는 자신의 살아가는 모습을 생각한다. "나도 가끔 얼굴 붉히며/뜨거움 참지 못해/설익은 비릿한 냄새로/생의 울타리/뛰어 넘고 싶을 때가 있었다"며 아직 인간이 갖춰야 할 인내력 없음이나 수양이 부족함을 드러낸다. 이러한 자신의 존재는 "설익은 비릿한 냄새"가 그 단서이다. 그렇기 때문에 "어릴 적 동생과 티격태격 /서로 잘했다고 성질 급한 주먹이/그 새를 못 참고 앞질러 나가고/어른이 된 이후에도/이러한 버릇 버리지 못했"다고 고백할 수 있는 것이다. 더불어 참깨와 화자 사이에는 서로 다른 점이 있다. 주지하다시피 참깨는 "온몸 까맣게 타들어가도/천성이 고소한 성미여서/주걱으로 잘 타이르면/남비 속에서 톡톡 튀면서도/깊은 맛을" 낸다. 그러나 "나는 성질머리를 버렸다."

참깨를 볶는 평범한 일상에서 시인은 자신의 삶을 성찰하는 태도를 보여준다.

사물에서 어떤 정신성을 발견하려는 시인의 탐구는 「소금밭」에서도 이어진다.

갯내음 물씬 풍기는
바둑판 같은 들판에
통증같은 햇살과 바람, 머리에 이고
염부의 구릿빛 얼굴 이글 거린다

오롯한 기다림과 노동의 시간이
바닥에서 부터
서서히
하얗게 살아온다

쓰리고 아픈 상처 위에
사람의 시간이
짜디짜지고 있다.

-「소금밭」 전문

아주 짧은 시편이지만 시인의 견고한 정신이 엿보이는 작품이다. "갯내음 물씬 풍기는/바둑판 같은 들판에/통증같은 햇살과 바람, 머리에 이고/염부의 구릿빛 얼굴 이글거"리는 모습을 바라보고 있다. 염부가 노동하는 현장은 "강렬한 햇살과 바람"이 있는 불모지 같은 공간이다. 그런데 이처럼 열악한 삶의 공간에서 염부가 땀을 흘리는데 이는 우리가 살고 있는 삶의 현장의 알레고리이기도 하다. 특히 염전의 경우 불모지대와 같은 공간으로 이렇듯 극한의 삶터에서 "바닥에서부터/서서히/하얗게 살아"오는 것이 있다. 살아오는 것이기에 분명 생명체일 것이다. 물론 그것은 '소금'이다. 우리가 알다시피 모든 생명체는 소금없이 살 수 없다. 소금은 생명을 이루는 가장 중요한 요소 중의 하나이다. 그러나 불모지대와 같은 염전에서 그냥 생명이 살아오는 것은 아니다. 염부의 수고가 있었기 때문에 가능한 일이다. "오롯한 기다림과 노동의 시간이" 그것이다. 염전에서는 "통증같은 햇살과 바람"도 꼭 필요한 것이지만 "오롯한 기다림"도 생명이 살아오게 하는 하나의 요소라고 할 수 있다. 물론 "구릿빛 얼굴"이 되도록 "노동의 시간"도 필요하다. 그렇기 때문에 화자는 "통증 같은 햇살과 바람"과 그 아래에서의 "기다림과 노동의 시간"이라는 "아픈 상처 위에/사람의 시간이/짜디짜지고 있"는 것이다. "아픈 상처" 위에서 새로운 생명이 살아오는 이치를 잘 보여주고 있다.

앞의 작품은 모든 생명이 쉽게 오지 않음을 '소금'을 통해 설득력있게 보여줬다. 다음의 「흔들리는 햇살」은 버겁게 살아가는 존재의 실존을 통해 삶이란 무겁지만 자신의 짐을 짊어지고 살아가는 것도 보여준다.

할머니의 볼은 숯불마냥 익고
햇볕에 땀방울이 엉덩이 밑까지 젖었다
생선가시처럼 앙상한 몸으로
장정들도 버거운 모래통 등에 업고
계단을 오르내릴 때마다
관절 삐걱거리는 저녁 무렵

막걸리 한 잔으로 잠시 목을 축일 수 있다지만
출가한 일곱 자식들은 아는지 모르는지
등짐이 할머니의 여생을 짓눌러도
다시 오르는 노년의 계단

깨꽃 같은 웃음 터지듯
여심을 흔들던 젊은 날도 있었겠지만
무지개 같은 세월은 가고

가슴 한 켠엔 가시에 긁힌 퍼런 멍 자국
하늘엔 어지럽게 얽힌 먹구름만 가득한데
젖은 목덜미 닦아주고 가는 것은 한 줄기 바람뿐.

-「흔들리는 햇살」 전문

할머니가 노동현장에서 "장정들도 버거운 모래통 등에 업고" 일하고 있다. "볼은 숯불마냥 익고/햇볕에 땀방울이 엉덩이 밑까지 젖었다" "출가한 일곱 자식들은 아는지 모르는지" 돌봐줄 사람이 없어 스스로 일을 해야 할 처지인 것 같다. "생선가시처럼 앙상한 몸으로/장정들도 버거운 모래통 등에 업고/계단을 오르내릴 때마다/관절 삐걱거"린다. 노동이 힘들기도 하지만 할머니는 몸이 성한 것 같지 않다. "막걸리 한 잔으로 잠시 목을 축일 수 있다지만" "등짐이 할머니의 여생을 짓"누르고 있다. 그렇지만 할머니 앞에 놓은 삶은 "다시 오르는 노년의 계단"이다.

오늘은 버거운 삶의 계단을 올라야 하지만, "깨꽃 같은 웃음 터지듯/여심을 흔들던 젊은 날도 있었"을 것이다. 이제 "무지개 같은 세월은 가고/가슴 한 켠엔 가시에 긁힌 퍼런 멍 자국"인 할머니의 생은 "하늘엔 어지럽게 얽힌 먹구름만 가득"하다. 힘든 노동으로 "젖은 목덜미 닦아주고 가는 것은 한 줄기 바람뿐." 스스로 자신을 책임지고 가야 할 막막한 삶이다.

김은아 시인의 첫 시집인 『흔들리는 햇살』의 표제시이기도 한 이 작품은 우리 사회의 어두운 그늘의 한 장면을 여실히 보여주고 있다.

3.

서정시가 자연을 모방한 것은 주지의 사실이다. 이러한 전통은 오늘에도 마찬가지이다. 여기에서 자연은 언제나 모범적인 규준이 되어 닮고 싶은 존재이기 마련이다. 우리의 시인 시조뿐만 아니라 서양에서도 같은 의미를 지닌다. 이처럼 자연이 인간의 스승으로 여겨진 것은 언제나 변함없는 존재이기 때문이다. 상대적으로 인간은 늘 미완성이며 불신의 존재이다. 그렇기 때문에 자연이 지닌 정직성과 완결성을 닮고자 하는 것이다.

김은아 시인 역시 자연을 통해 자신을 들여다 본다. 때로는 자연을 그대로 순수하게 관조하는 경우도 많다.

나무 구멍에 꽂은 고무호수
하얀 비닐 봉지에 쏟아지는 피

숙취 해소에 좋다고
피로 회복에 좋다고
피부가 좋아진다고
찜질방에서 하루종일 오징어 안주 삼아
말통으로 마셔대는
피눈물.

-「고로쇠나무」 전문

남녘에 봄소식이 오면 고로쇠나무에서 채취한 고로쇠물을 파는 사람들이 있다. 물통에 담겨있는 고로쇠물을 생각하며 김은아 시인은 인간의 잔혹함을 고발하고 있다. 나무에 구멍을 파고 그 구멍에 고무호수를 꽂는다. 그리고 그 호수를 비닐봉지에 넣으면 한창 물이 오른 고로쇠나무가 물을 쏟아낸다. 마치 곰의 쓸개에 주사기를 꽂고 쓸개즙을 빨아먹는 사람들을 떠올리게 한다. 흡혈귀 같다는 생각이 든다. 고로쇠나무에서 쏟아지는 물을 화자는 "피"라고 인식한다. "숙취 해소에 좋다고/피로 회복에 좋다고/피부가 좋"다는 것이 그 이유이다. 봄철만 되면 "찜질방에서 하루종일 오징어 안주 삼아/말통으로 마셔대는" 고로쇠물을 "피눈물."이라고 한다.

이 작품은 자연을 대하는 인간의 욕망과 더불어 잔인함을 고발하고 있다. 오늘날 자연을 정복대상으로 삼아 돈이 되는 일, 몸에 좋다고 함부로 자연을 훼손하는 일이 비일비재하다. 그렇기 때문에 착취당하는 자연과 인간의 불화가 끊임없이 일어나고 있는 실정이다.

다음 작품은 앞에서 말한 자연을 모방하고자 하는 인간의 겸손한 마음이 깃들어 있다.

해마다 그 자리에서

바람에 흔들리지 않는 매화나무 한 그루
칠순을 훌쩍 넘긴 채
마당가 측백나무 울타리 한 가운데서
하얀 불을 밝힌다

가지 위에 참새들이
몰려왔다 날아가기를 반복하는 사이
변덕스런 꽃샘추위 잊은 듯
외롭고 쓸쓸한 마당에
다시 환하게 꽃망울 터지면
가슴 속까지 스미는 은은한 향기
고산마을 구석구석으로 퍼진다

소용돌이치는 바람물결에도 휩쓸리지 않고
어린 것들 입에 밥 넣어 주려고
오랜 세월
자신의 내면 갈고 닦아 꼿꼿한 자태로
아픈 흔적들 침묵으로 말한다

이제
백발이 다 되어버린 봄날의 매화나무가
날아 가버린 참새들의 안부를 물어온다

잘 있느냐?

-「매화나무」 전문

"마당가 측백나무 울타리 한 가운데서/하얀 불을 밝"히고 있는 매화나무 한 그루가 있다. "해마다 그 자리에서/바람에 흔들리지 않는 매화나무 한 그루"는 "칠순을 훌쩍 넘긴" 오래된 나무이다. 늘 그랬듯이 "가지 위에 참새들이/몰려왔다 날아가기를 반복하"고 있다. 마치 참새들이 어머니 품에 안기는 것 같은 평화로운 모습이다. 우리 선조들이 사군자 중에서도 으뜸으로 쳤듯이 매화나무는 "변덕스런 꽃샘추위"에도 "환하게 꽃망울"을 터뜨리고 "은은한 향기"를 "고산마을 구석구석으로" 내뿜고 있다. 그렇기 때문에 선비들이 매화를 즐겨찾은 것이다. 화자는 매화나무를 오랜 세월 지켜보아 온 것 같다. "소용돌이치는 바람물결에도 휩쓸리지 않고/어린 것들 입에 밥 넣어 주려고/오랜 세월/자신의 내면 갈고 닦아 꼿꼿한 자태로/아픈 흔적들 침묵으로 말한"다고 화자는 인식한다. 참새들의 보금자리 역할을 하고 있는 까닭이다. 인간에게 칠순의 나이면 이미 늙은이이지만 칠순이 훨씬 넘은 매화나무는 "참새들의 안부를 물"으며 봄날 참새들을 또다시 기다리고 있다. 매화나무와 참새의 관계에서 상생하는 자연의 모습을 알 수 있다. 더불어 인간에게 어떻게 살 것인가를 묵묵히 알려주는 것이다.

다음 작품 「늙은 소나무」에서는 아궁이에서 장작불로 타고 있는 늙은 소나무를 바라보며 시인은 늙은 소나무의 일생을 생각한다.

장작불을 지피다가 아궁이 속에서
늙은 소나무의 세월을 보았습니다

이따금 찾아든 나그네 발길
청청한 품 열어 맞아주며
매서운 비바람 눈보라가 흔들어도
텃새처럼 제자리 지키며
늠름하되 오만하지 않았습니다

숨 가쁘게 살아 온 세월
불꽃을 내면서 소신공양을 하며
날아가버린 새들의 울음소리 듣습니다
마지막 바람의 조문을 받으며
오래된 추억들을 봅니다

이제
그를 품에 안아보려 하지만
멀어지는 그리움은 재로 남아

괜찮다, 괜찮다 합니다

편히 쉬려나 봅니다.
-「늙은 소나무」 전문

사람보다 오랜 세월을 살다가 장작불로 타고 있으니 화자는 많은 생각이 들었을 것이다. 그래서 화자는 늙은 소나무의 일생을 "늙은 소나무의 세월"이라고 하는 것이다. 나그네가 길을 가다가 무더운 날은 그늘에서 쉬었을 것이다. 또한 "매서운 비바람"과 "눈보라가 흔들어도" 꼼짝하지 않고 "제자리 지"켰다. 늠름한 소나무는 그러나 "오만하지 않았"다. 마치 늙은 소나무의 일생을 지켜본 것 마냥 화자의 시선은 일인칭 서술이지만 신적 존재처럼 소나무를 바라본다.

화자는 불꽃을 내며 타는 소나무를 바라보며 "숨 가쁘게 살아 온" 소나무의 일생을 생각해 본다. 한때 새들이 지저귀던 소리도 듣는다. 그리고 "바람의 조문을 받으며/오래된 추억들을" 본다. 물론 모두가 화자의 상상 속에서 떠오른 모습들이다. 또한 마지막 불길 속에서 사라지면서도 "괜찮다, 괜찮다" 하는 늙은 소나무의 마지막 소리도 듣는다.

자연을 바라보는 김은아 시인의 태도는 경의와 겸손의 모습을 보여준다. 그러면서도 자연을 탐욕의 대상으로 여기는 인간의 모습도 잘 보여주고 있다.

4.

우리나라는 봄, 여름, 가을, 겨울 등 사시사철이 있어 특히 자연의 변화를 느낄 수 있다. 이에 대해 김은아 시인은 놓치지 않고 자신의 감성을 시로 형상화하고 있다. 때로는 자연을 있는 그대로 순수하게 바라보고 때로는 자신, 또는 인간의 삶에 견주어 노래하기도 한다. 예부터 많은 시인들이 변화무쌍한 계절과 자연의 움직임을 포착하여 노래해 왔다. 그것들은 대부분 관념적 메시지를 전하기 위함이었다. 순수한 서경을 읊은 것들은 인간의 삶을 통찰하는데는 미흡했고 상상력이 빈한한 것들도 많았다. 근현대에 이르러 계절의 변화와 자연의 움직임에 대해 상상력은 물론 깊은 비의를 담아내기에 이르렀다.

계절의 변화와 자연의 움직임을 바라보는 김은아 시인의 시는 대단한 상상력과 깊은 의미를 담아낸 것은 아니지만 계절과 자연을 바라보는 시인의 맑고 순수한 정신세계를 들여다보게 한다.

드넓은 방죽에 바람이 풍성하다
연꽃들
얼굴의 티끌 아침 이슬로 세수하고
푸른 잎 사이로 둥실 떠오르니
잔잔했던 고요가 일제히 술렁인다

개구리 밥으로 뜨거운 햇살 가린 연방죽
물위를 뛰어다니며 크로키하는 소금쟁이,
개구리 울음 속으로 먹이 찾아 나서는 고추잠자리도
어렴풋이 보이던 물닭의 뒤태가 재빨리 풀숲으로 사라지면
고요하나 분주한 연방죽.

-「푸른 연잎 아래」 전문

화자는 연꽃이 피어있는 아침 연못가에서 연못을 바라보고 있다. 여름날 바람이 방죽에 풍성하다. “얼굴에 묻은 먼지 아침 이슬 굴려 세수하고/연꽃들/푸른 잎 사이로 둥실 떠오르니/잔잔했던 고요가 일제히 술렁”이는 풍경이 고즈넉하다. 연방죽은 개구리밥으로 덮여있고 물 위를 뛰어다니는 “소금쟁이”, “실잠자리”는 낮게 날며 먹이를 찾아 나선다. 이때쯤 개구리 울음소리 또한 연못에 가득하다. 물닭이 재빠르게 수초 사이로 사라지는 한낮의 방죽은 고요하지만 살아서 분주하게 움직인다. 고요하지만 역동적인 연방죽은 생명의 움직임으로 꿈틀거리고 있다. 연방죽의 아침과 한낮의 풍경을 실감나게 그린 이 아름다운 풍경 속에는 사람이 등장하지 않는다. 오직 여름이라는 계절에 무성하게 웃자라는 생명의 환희만이 느껴질 뿐이다.

다음의 작품에서도 사람은 등장하지 않고 생명이 꿈틀거리는 봄날의 고요와 평화로운 풍경만을 보여준다.

봄눈 뚫고 들어온 바람
아직은 쌀쌀하지만
한낮엔 아지랑이 피어올리는데

내일 모레면
물 올라 탱탱해진 가지 위에
꽃망울 터뜨리 듯

어미품 벗어나
둥지 떠난 어린 새 한 마리

혼자 남아 있는 책상 위 책들
빈 침대만 깊이 잠들었는데
자판 두드리는 소리도 들리지 않는
적막한 날.

-「봄날」 전문

봄날의 정취가 눈앞에 펼쳐지는 풍경이다. 아직은 이른 봄날, 아침과 저녁엔 쌀쌀한 기온이지만 한낮엔 아지랑이가 피어오른다. "내일 모레면/물 올라 탱탱해진 가지 위에/꽃망울 터뜨릴 것"이라고 화자는 봄꽃을 기다리고 있다. 이 작품은 그저 봄날의 정취만을 그린 것이 아니다. 아마 겨울방학이 끝나 새학기를 맞아 대처에서 학교를 다니기 위해 집을 떠난 자식의 부재를 그린 모정도 엿보인다. "어미품 벗어나/둥지 떠난 어린 새 한 마리"는 물론 자식을 말한다. 자식이 객지에서 학교를 다니기 위해 집을 비워 아이가 쓰던 책상이 혼자 있다. 책꽂이에는 방의 주인이 썼던 책이 꽂혀 있을 것이다. 책상 앞에서 아이가 컴퓨터 자판을 두들기곤 했는데 봄날, 아이는 학교에 가고 컴퓨터 혼자서 덩그마니 놓여 있다. 아이가 사용하던 "빈 침대"도 혼자 "잠들었"다. 이 작품의 말미의 "자판 두드리는 소리도 들리지 않는/적막한 날."이 더욱 고요한 봄날의 정취를 느끼게 한다.

앞에서 들여다 본 「푸른 연잎 아래」와 「봄날」은 계절의 변화에 대한 정취를 읽어내고 있다. 그러나 「늦가을」에서는 늦가을의 정취어 더불어 자연에 대한 인간의 폭력성을 드러내고 있다.

달빛 없는 하늘
가로등 불빛 도로에 앉았는데
방아개비 한 마리 꼼짝 않는다
무심하게 바라보았을 풀숲 말라가고
끄덕끄덕 디딜방아처럼 방아를 찧던
푸르른 날은 간 데 없어
멍한 눈빛, 힘이 빠진 뒷다리
갈수록 조여 오는 도시의 공포들
저 연약한 다리로 어떻게 지탱했을까
인간의 발에 밟히지 않고 살아 있다는 게 다행이야
차가 왔다면 죽었을지도 몰라
용케 살아남아 마른 숲을 향해 가는
방아개비 한 마리.

-「늦가을」 전문

지난 계절 동안 풀과 나무 등 생명체들이 왕성한 생명활동을 한 시간들이었다. 그러나 '늦가을'은 그 동안의 무성했던 것들이 겨울을 맞이하기 위해 준비하는 조락의 계절이다. 또한 거미, 개미, 방아개비 등 곤충들도 죽음을 맞이하거나 겨울을 나기 위해 고치나 땅 속으로 들어간다. 이렇듯 오랜 시간 동안 살아있는 것들은 생명의 고리를 잇기 위해 자신들만의 방법으로 생명활동을 한다.

화자는 가로등이 켜진 도로가에 앉아서 꼼짝하지 않는 방아개비 한 마리를 바라보고 있다. 이미 계절은 늦가을이라 풀숲은 말라가고 있는데, 그 풀숲에서 살던 방아개비가 "멍한 눈빛, 힘이 빠진 뒷다리"를 한 채 있다. 죽음의 계절이 엄습해 오는데 갈길이 바쁜 방아개비는 어디로 가야할지 멈칫하고 있다. 아니 기운이 다 빠져 어디론가로 가지 못하는 것이다. 연민의 눈으로 방아개비를 바라보는 화자는 "저 연약한 다리로 어떻게 지탱"할 것인가를 걱정하고 있다. 뿐만아니라 "인간의 발에 밟히지 않고 살아 있다는 게 다행"이라는 생각을 한다. 방아개비가 도로를 지나가고 있던 중이었기에 용케 차에 치이지 않은 것을 화자는 또한 다행이라고 생각한다. "마른 숲을 향해 가는/방아개비 한 마리"의 안위를 염려하는 화자의 안타깝고 뜨거운 마음이 느껴진다.

김은아 시집

흔들리는 햇살

2014년 6월 5일 인쇄
2014년 6월 10일 발행

지은이 | 김 은 아
펴낸이 | 강 경 호
인쇄 · 기획 | 도서출판 시와사람
등록 | 1994년 6월 10일 제 05-01-0155호
주소 | 광주시 동구 백서로 125번길 32-5(금동)
전화 | (062)224-5319
팩스 | (062)225-5319
E-mail | jcapoet@hanmail.net

ISBN978-89-5665-401-0 03810

값 10,000원

공급처 ■ 한국출판협동조합
경기도 파주시 탄현면 오금리 202번지
주문전화 (02)716-5616, 070-7119-1740